走遍世界很简单

ZOUBIAN SHIJIE HENJIANDAN

意大利大探秘

YIDALI DATANMI

知识达人 编著

成都地图出版社

图书在版编目（CIP）数据

意大利大探秘/知识达人编著 . — 成都：成都地图出版社 , 2017.1（2021.10 重印）
（走遍世界很简单）
ISBN 978－7－5557－0298－6

Ⅰ . ①意… Ⅱ . ①知… Ⅲ . ①意大利—概况 Ⅳ . ① K954.6

中国版本图书馆 CIP 数据核字 (2016) 第 094452 号

走遍世界很简单——意大利大探秘

责任编辑：游世龙
封面设计：纸上魔方

出版发行：成都地图出版社
地　　址：成都市龙泉驿区建设路 2 号
邮政编码：610100
电　　话：028－84884826（营销部）
传　　真：028－84884820

印　　刷：唐山富达印务有限公司
（如发现印装质量问题，影响阅读，请与印刷厂商联系调换）

开　　本：710mm×1000mm　1/16
印　　张：8　　　　　　　字　数：160 千字
版　　次：2017 年 1 月第 1 版　印　次：2021 年 10 月第 4 次印刷
书　　号：ISBN 978－7－5557－0298－6
定　　价：38.00 元

前　言

　　美丽的大千世界带给我们无限精彩的同时，也让我们产生很多疑问：世界上到底有多少个国家？美国到底在什么地方？为什么奥地利有那么多知名的音乐家？为什么丹麦被称为"童话之乡"……相信这些问题经常会萦绕在小读者的脑海中。

　　为了解答这些问题，我们精心编写了这套《走遍世界很简单》系列丛书，里面包含了世界各国丰富的自然、地理、历史以及人文等社会科学知识，充满了趣味性和可读性，力求让小读者掌握最全面、最准确的知识。

　　本系列丛书人物对话生动有趣，文字浅显易懂，并配有精美的插图，是一套能开拓孩子视野、帮助孩子增长知识的丛书。现在，就让我们打开这套丛书，开始奇特的环球旅行吧！

大胡子叔叔

詹姆斯·肖，美国人，是位不折不扣的旅行家和探险家，足迹遍布世界各地。因为有着与肯德基爷爷一样浓密的胡子，所以被孩子们亲切地称为"大胡子叔叔"。

吉米

10岁的美国男孩，跟随在大使馆工作的父母居住在中国，是大胡子叔叔的亲侄子。他活泼好动，古灵精怪，对世界充满好奇。

映真

11岁的韩国男孩，他汉语说得不好，但英语说得很流利。他性格沉稳，遇事临危不乱。

花花

10岁的中国女孩，有一点点任性和霸道。她的父母与映真的父母是很要好的朋友。

目录

大胡子叔叔正在屋子里喝着咖啡，就听到屋子外面几个孩子在叽叽喳喳地说个不停。看着温暖的阳光从窗户射进屋子里，原本很惬意的大胡子叔叔知道这几个孩子又待不住了，是时候带着他们开始新的行程了。

其实，大胡子叔叔最近也一直在考虑这次要带他们去

哪里。刚好扭头往窗外看的时候，余光扫到了桌子上的珊瑚饰品，突然想到珊瑚是意大利的国石，于是他决定这次就去意大利。

大胡子叔叔朝着屋外喊了一声："你们几个小家伙都进来，我有好消息要告诉你们。"刚说完这句话，就看到吉米像只小猴子一样冲进了屋子里，还扮着鬼脸，迫不及待地问道："大胡子叔叔，是不是我们又要出去旅行了？"

大胡子叔叔还没来得及回答呢，这个时候映真和花花也来到了屋子里，异口同声地问大胡子叔叔："大胡子叔叔，是不是要带我们去玩呀，这次咱们去哪里玩呀？"

看到三个小家伙这么高兴，大胡子叔叔笑着问他们："你

们喜欢划船吗？想不想去一个水中的城市？"

　　"想呀，当然想了，街道间都是水，还要划船，那一定非常好玩。"吉米高兴得手舞足蹈，恨不得现在就到那个地方去呢。映真和花花也很高兴，终于可以出去玩了，而且还可以划船，那更好了。

　　听到小家伙们都这么高兴，大胡子叔叔问道："这次我要带你们去意大利，你们喜欢吗？"

　　吉米拿出世界地图，找到意大利。他看到意大利就像是一只大靴子，感觉很陌生。映真和花花也觉得陌生，但是一想到要去新地方，就都非常期待接下来的旅行。

　　大胡子叔叔看到他们的表情，就知道他们对意大利很陌生，但是又都特别期待，于是笑着说："这是一个很古老的

3

国家，位于欧洲南部，主要由靴子形的亚平宁半岛和两个位于地中海中的大岛西西里岛和萨丁岛组成。大家都回去准备一下，我们下周就要开始新的旅行了。"

呼啸而起的飞机，带着孩子们来到了一个全新的国度。当飞机上的广播提醒大家做好着陆准备的时候，兴奋的小家伙们一齐朝窗外看去，他们看到的是一座水中的城市，虽然没有汽车，但是却非常漂亮，非常迷人。

意大利，我们来了！威尼斯，我们来了！

虽然是白天，但是孩子们都很兴奋。他们相信接下来肯定会有有趣的经历等待着他们！

第1章　没有汽车的城市

　　下了飞机，到了酒店之后，大胡子叔叔感觉有些疲惫。而这个时候，几个小家伙还很兴奋，非要拉着大胡子叔叔，让大胡子叔叔讲讲关于威尼斯的事情。大胡子叔叔故意板起脸来，严肃地说道："你们几个不要闹了，坐飞机已经很累了，抓紧

时间休息吧。休息好了，明天才有精力。"听到大胡子叔叔这么说，几个孩子也就回到了自己的房间。但是他们还是难以入睡，特别期待接下来的旅行。

第二天一大早，大胡子叔叔就被几个孩子喊醒了。吉米是第一个说话的孩子，他问道："大胡子叔叔，今天我们是不是坐船呀？"

"对呀，对呀，我特别想坐船，以前都没有真正坐过船。坐船肯定是一件让人特别高兴的事情。"花花忽闪着大眼睛，对坐船表示特别期待。

这个时候，映真用他那并不熟练的中文问道："大胡子叔叔，我们是不是要坐一整天的船呀？这里没有汽车，那些船速度肯定特别慢吧？"

大胡子叔叔被这几个淘气的小家伙喊醒的时候还躺在床上，看到他们这么兴奋，也想让他们更高兴点，于是告诉他们说："是呀，今天我们就是去坐船，我带你们游览一下威尼斯，让你们体验一下坐船的感觉。"

吉米听到这句话，高兴得蹦了起来："真是太好了，终于可以坐船了！"

大胡子叔叔接着说道："映真说的不对，威尼斯的船是独具特色的威尼斯尖舟，它有一个特别有意思的名字，叫'贡多拉'。这种小舟轻盈纤细、造型别致，就像其他城市的汽车一

样，是威尼斯人代步的工具，但它的速度是很快的。大家抓紧时间准备一下，我一会儿就带大家去体验一下这种小舟。"

听到这话，三个孩子高兴得不得了，转身跑回自己的房间，各自准备去了。大胡子叔叔也起床准备了一下，就带着吉米、映真和花花出发了。

大胡子叔叔很快就找到了一条贡多拉，带着孩子们坐了上去。坐在小舟上的吉米看着两边的建筑物，觉得很好奇，于是问大胡子叔叔："这里的人为什么在水上建设城市呢，水上不是不能建设城市的吗。他们是怎么做到的呢？"其实这也是映真和花花的疑惑。

大胡子叔叔哈哈大笑，说道："威尼斯的建筑方法比较

独特，他们先在水底下的泥土上打下大木桩，木桩打得特别深，并且紧挨着，非常牢固，这就像是我们平时盖房子的地基。"

听到这里，花花很疑惑，问道："大胡子叔叔，那他们就不担心水下的木头烂了吗？要是木头烂了，那房子不就塌了吗？"

大胡子叔叔没有继续说下去，而是先解答花花的疑惑。他说道："这里的木头是不会烂的，它们都在水底下，只会越变越硬，只有出水后接触了氧气才会腐烂。而且威尼斯的房子下面是木桩，上面铺的是石头，这就更加坚固了。当时为了打这

些木桩，把意大利北部的森林全都砍伐完了，可见地基是非常坚固的。"

"哦，原来是这样的呀，我现在明白了。"花花满意地点点头，也为自己学到了新的知识而高兴。

大家在好奇心的驱使下，继续欣赏着水城的美好风光。看着两岸的建筑，觉得特别美，而且有特别多的桥梁，一座接着一座，让人目不暇接。

这时候映真好像发现了什么新的东西，指着远处一个大广场问道："那是什么地方呢？为什么会有那么多鸽子？远远地看去，全是鸽子。它们真的很漂亮，真想去看看。"

大胡子叔叔看着映真，呵呵笑了一下，说道："那个地方暂时保密，那是我们以后要专门去的地方，到时候你就知道了。"这句话让映真有了新的期待，吉米和花花也很好奇，期待早一点儿去那个地方看看。

　　一天的时间很快过去了，孩子们这一天游玩特别开心，每个人都兴高采烈的。

第2章　圣马可广场的鸽子

第一天坐船游览了整个威尼斯城，尽管一天下来比较累，但是吉米、映真和花花还沉浸在喜悦之中。回到酒店以后，他们三个依然在讨论当天的所见所闻。大胡子叔叔看到小家伙们都这么高兴，也很开心。

最沉不住气的吉米还是忍不住问了大胡子叔叔一个问题：

"大胡子叔叔，白天我们看到的那个满是鸽子的广场是怎么回事？你说过要专门带我们去看的，但是为什么还要保密呢？"他身边的映真和花花也在心里有疑问，想要知道这到底是个什么地方。

　　大胡子叔叔看到他们三个人都想知道那是个什么地方，于是就对大家说："今天累了一天了，大家先好好吃饭，然后好好休息。本来是要过几天带你们去的，但是看你们这么想知道，那就明天带你们去，你们一定会喜欢那里的。"吉米、映真和花花听大胡子叔叔这么说，都很高兴，活蹦乱跳地去吃饭了。

　　没有了这三个小家伙的纠缠，大胡子叔叔终于也可以放松一下，吃完饭好好地休息一下了。

第二天一早，吉米、映真和花花早早地就收拾好了，等待着大胡子叔叔喊大家出发。一路上，三个小家伙也是叽叽喳喳，都在讨论要去的这个地方一定很好玩。

　　下了船以后，几个人一路跟着大胡子叔叔，来到了广场。刚一到广场前面，大家立刻被这个广场的气势所震撼。两根高大的柱子立着，一根柱子上是一只狮子，另一根柱子上是一个人。三个小家伙都不知道这是什么，于是问大胡子叔叔："大胡子叔叔，这两根大柱子上的都是什么呀？"

　　大胡子叔叔笑着说道："这个狮子是威尼斯的代表，叫'飞狮'；另一个人物就是威尼斯最早的守护神圣狄奥多（San Teodoro）。我们从这里进去吧，这里是迎宾入口。"

"哦，原来还有这个说法呢，那个狮子和守护神确实很有气势。"吉米喃喃自语道。这时候，吉米抬头一看，花花早就拉着映真跑到了前面，他也赶紧跟了上去。

到了广场里面，他们更加高兴了。广场四周都是漂亮的古典建筑，有古时候的铸币厂，还有圣马可教堂，等等，看起来都很有气势。广场上人很多，鸽子更多，很多人都在喂它们。活泼的吉米忍不住了，买了一包鸽子食料就跑到一边喂鸽子去了。

花花和映真看到这些鸽子也特别喜欢。花花弯下腰去，用手抚摸这些鸽子。这些鸽子也很温顺，不怕人，和人特别亲近。映真则跑到吉米身边，向他要了一些鸽子食料，分给花花

一些，开始喂起鸽子来了。三个人都玩得特别高兴。

大胡子叔叔正在欣赏周围漂亮的建筑，花花忽然跑到大胡子叔叔身边，问道："为什么这些鸽子都不怕人，还和人这么亲近呢？"

大胡子叔叔笑着说道："那是因为这些鸽子天天在这里，到这里来的人对它们都很友善，还给它们东西吃。它们就习惯了很多人的场面，知道人对它们没有恶意，就不怕人了呀。"

善良的花花听到大胡子叔叔的话，也点了点头，继续和鸽子们玩去了。

大胡子叔叔又带着他们参观了广场东边的圣马可大教堂。

走到教堂里面，映真看到教堂的地板、墙壁和天花板上都是一些闪闪发亮的画，就问道："大胡子叔叔，为什么这里都是画呢，而且还都金光闪闪的？"

大胡子叔叔笑着说道："那是因为这些画都是被金箔包裹的，所以看起来金光闪闪的。整个教堂也好像被金光包围，因此大家又叫它黄金教堂。"

"原来是这样呀，还确实像是黄金教堂呢。"映真听完后感慨道。

用了整整一天的时间，大胡子叔叔带着吉米、映真和花花

参观了广场的各个地方。不仅看到了漂亮的建筑，还看到了各种珍藏的艺术品，感受到了古老艺术的魅力，也学到了很多知识，大家都很高兴。

　　一天的时间很快过去了，大胡子叔叔带着三个小家伙离开了广场，他们留下了美好的回忆。

和平与美并存的广场

　　圣马可广场位于威尼斯的中心，它是威尼斯最出名的广场，大型的政治、宗教类传统节日活动都会在这里举行。圣马可广场建于9世纪，1177年还进行了扩建。后来拿破仑占领威尼斯后，还将这里的行政官邸大楼改成了自己的行宫。

　　圣马可广场非常大，包括公爵府、圣马可图书馆、圣马可大教堂、圣马可钟楼、威尼斯大运河、行政官邸大楼等建筑。这些文艺复兴时期的建筑都非常精美。广场上大量的鸽子也是一道美丽的风景线。圣马可广场吸引着世界各地的游客前来观赏。

第3章　比黄金珍贵的黄金宫

　　来到威尼斯的这两天，三个小家伙玩得特别高兴，完全没有从那种兴奋的情绪中走出来。吉米是表现得最激动的一个，他正在对着花花和映真讲着自己的感受，花花和映真也时不时地说说自己的感受。过了一会儿，三个人一同来到了大胡子叔

叔面前。

大胡子叔叔正坐在椅子上喝咖啡呢，看到他们进来，连忙把他们招呼到自己跟前。

大胡子叔叔问道："大家这两天玩得还高兴吧？"三个人你一言我一语地说起了自己的感受，大胡子叔叔看到这个情景，不禁哈哈大笑起来。

"想不想知道我们明天去哪里玩呀？"大胡子叔叔这句话一出口，原本还谁也不让谁的三个人都不说话了，专心地听大胡子叔叔说话。

大胡子叔叔慢悠悠地拿出一张照片，三个小家伙都凑到跟前，想看清楚这是什么地方。

大胡子叔叔说道："这就是我们明天要去的地方。"

　　几个人看到照片上很是漂亮的建筑，一共三层，第一层有一个柱子组成的长廊，应该是从河边就可以直接进去的。第二层和第三层看起来富丽堂皇，特别漂亮。

　　"大胡子叔叔，这是什么地方呀？好漂亮！明天我们就是去这里吗？"映真问道。

　　"是呀，明天我就带你们去，去了你们就知道了。"大胡子叔叔笑呵呵地说道。

　　"那真是太好了！大胡子叔叔，那我们就去吃饭了。今晚好好休息，明天才可以玩得高兴呀。"花花略带撒娇地对大胡子叔叔说。说完大家就一起去吃饭了。

第二天，大家在运河上坐船，一边看风光，一边划去昨天说好的地方，很快就到达了目的地。眼前看到的景象比照片上的更漂亮，更有气势。

见到这么漂亮的建筑，连平时比较沉稳的映真也忍不住夸赞起来。

"为什么它是金灿灿的呢？"映真忍不住问了大胡子叔叔一句。

大胡子叔叔说道："这个建筑叫黄金宫，宫殿外表被涂成了金黄色，看起来十分耀眼，十分漂亮。这也是它的名字的由来。"

"哦，原来是这样呀，怪不得看起来这么漂亮，这么显眼呢。"吉米和花花也忍不住夸赞起来。

　　"这里现在是一个艺术馆，里面保存着很多名人的画作。这些名人都是威尼斯派的画家。这也让很多美术爱好者着迷，纷纷来到这里感受艺术的气息。它的名字叫黄金宫，其实它比黄金更加珍贵。"大胡子叔叔说完这些，就带着他们三个走进了黄金宫里面。

　　黄金宫里面空间很大，金碧辉煌，各种漂亮的图案和柱子将整个大厅装饰得美轮美奂。吉米一会儿跑到这里看看，一会儿跑到那里瞧瞧，根本顾不上其他人了。

　　"大胡子叔叔，你给我们说一下这个黄金宫是怎么修建的

吧。"花花拉住大胡子叔叔的手,有点撒娇地摇起来。

大胡子叔叔呵呵笑着说道:"好的,那我就给你们讲讲。"

"最早的时候,这里是作为威尼斯公爵当选后的新居准备的,一共有八位威尼斯公爵在这里住过。再后来,这里陆续换了好多主人。19世纪,一个叫玛丽·塔里奥尼的芭蕾舞演员成为了它的主人,她拆除了楼梯和阳台。1922年,一位男爵将它捐献给了国家,经过修复以后,就作为美术馆对外开放了。"

"哦,没想到它有这么曲折的经历和故事呢,真是不简单。"映真说道。

大胡子叔叔带着大家来到第二层和第三层,参观了里面的著名画作,有卡巴乔的《圣告图》、安东尼奥·凡·代克的《基督受难记》、曼帖那的《圣塞巴斯蒂安》等,这些珍贵的画作让小家伙们大开眼界。

经过了一天的参观，到了下午该回去了。大家上了小舟准备返回，吉米还忍不住回头望。突然，他兴高采烈地招呼大家，说道："你们看，黄金宫的外形像不像一个婚礼蛋糕呢？我觉得特别像。"

"是呀，是呀，确实特别像。"花花也这么说，并且推了一下身边的映真，映真也说确实很像。

大胡子叔叔哈哈一笑，招呼着小家伙们回去休息了。

第4章　迷人的童话岛

　　花花从小就是个特别爱幻想的孩子，尤其喜欢听大胡子叔叔讲童话故事。每次她拉着大胡子叔叔听童话故事的时候，吉米都会在旁边嘲笑，这让花花很不高兴。有时候花花也会反击吉米，说他不喜欢童话故事是因为他没有到过童话王国里，要

是真到了童话王国，他肯定比谁都高兴。每当这个时候，大胡子叔叔总要假装批评吉米，让花花高兴一下。

这天晚上，花花又要拉着大胡子叔叔讲童话故事，这时候吉米说道："花花你怎么还是这一套呢，童话故事有什么好听的？一点都不好玩，还是一些探险故事更吸引人，更刺激。"

听到吉米这么说，花花气得嘟起了小嘴，一时想不出来该怎么反击。这个时候，映真出来为花

花说话了，他批评吉米道："喜欢童话故事有什么不好的，我也喜欢，你不喜欢是因为你没有想象力。"花花看到映真帮着自己，也就高兴起来了。

大胡子叔叔看到三个人因为童话的事情争吵，觉得是时候带他们去一个童话的世界了，去了之后他们肯定会喜欢的。即便是经常嘲笑花花的吉米，看到那样美丽的地方，也会马上就喜欢上的。

说做就做，大胡子叔叔把大家召集到一起，告诉大家明天要去一个特别好的地方，那就是童话岛。花花听到这个消息，乐得合不拢嘴，映真也很高兴，只有吉米一副不在乎的样子，觉得那里没什么好玩的。

第二天一大早，孩子们就起来了，因为那是一个独立的小岛，所以路上的行程会长一些。在去童话岛的路上，最高兴的是花花，一直在问各种关于童话岛的问题，大胡子叔叔也都一一为她解答，这样使得花花更加期待了。映真坐在船上，看着海景，很沉静，没怎么说话。最让大胡子叔叔奇怪的是吉米，这次他没有像以前那样活蹦乱跳，也许是因为他对童话岛没有太多期待吧。

　　经过两个多小时的行程，大家终于达到了童话岛。

　　"哇，这里简直太漂亮了，比我想象中的还要美，我真是太高兴了。"花花高兴地手舞足蹈。

　　"这里确实是一个特别漂亮的地方，我一定要好好玩玩。"映真也很高兴，和花花交流起一会儿如何玩的事情。

　　吉米看着这个漂亮的地方，房屋都是各种不同的色彩，仿

佛真的身处童话世界中了。他也高兴起来，凑到花花和映真的身边，一起玩了起来。

　　"孩子们，尽情地玩吧，这是你们的世界。"大胡子叔叔的话刚说完，三个人就跑了出去，去找他们感兴趣的东西了。

　　岛上最特别、最有意思的事情就是可以在这个童话世界里扮演王子或者公主，去体验平时只有在梦里才能够拥有的经历。不一会儿，出现在大胡子叔叔面前的，就已经是两个英俊的小王子和一个漂亮的小公主了。

　　"我真是羡慕你们呀，连我也想要和你们一起，这样我也可以扮一次王子了。"说完这句话，大胡子叔叔笑了起来。

　　吉米、映真和花花在玩的时

候，大胡子叔叔也没闲着，岛上那些各式各样的手工艺品吸引了他的注意力。这些手工艺品十分精致，而且物美价廉，他很快就选择了几个自己喜欢的，并且为三个小家伙也选择了一些漂亮的小饰品。

大胡子叔叔知道他们三个一旦玩起来，就不知所以。他一个人没有待太久，就慢慢去找他们了。

一天的时间过得很快。在返回的路上，三个人还没有从童话的世界里走出来呢。

"今天是我最高兴的一天，我终于做了一天公主。这是我一直以来都想做的事情，真是太高兴了！谢谢大胡子叔叔带我来这么好玩的地方。"花花脸上带着笑容说道。

"我也特别高兴，我原本以为我不喜欢这些东西的，其实我也特别喜欢。谢谢大胡子叔叔，我也向花花道歉，以前我老说她，希望她能原谅我。"吉米有些害羞地挠头道。

　　"我早就原谅你了，咱们永远都是好朋友。"花花说道。

　　"是呀，我们三个永远都是好朋友。今天也是我玩得最高兴的一天，谢谢大胡子叔叔。"映真今天的汉语说得特别好，得到了吉米、花花和大胡子叔叔的夸奖。

　　这时候，大胡子叔叔拿出给他们几个人准备的小手工艺品，他们一看到这些东西，就一起围了上去，开始抢了起来……

第5章　意犹未尽的狂欢节

　　坐在房间的椅子上，大胡子叔叔已经想好了接下来要带吉米、映真和花花去哪里玩了。这个地方肯定会让他们非常高兴的，他们也会觉得特别好玩、特别刺激的。

　　"吉米、映真、花花，你们三个都过来，我有事情要和你

们说。"大胡子叔叔大声招呼着他们三个。

他们三个人一听到大胡子叔叔的喊声，就知道肯定是大胡子叔叔要告诉大家又要去什么好玩的地方了。很快，三个小家伙就站到了大胡子叔叔的面前。六只大眼睛盯着大胡子叔叔，很期待大胡子叔叔接下来说的话。

"我问你们一个问题，你们都喜欢面具吗？"大胡子叔叔说道。

"我特别喜欢面具，我喜欢恶魔的面具。我想戴着它，让自己看起来很可怕，让大家都害怕我。"吉米第一个说出了自己喜欢的面具，还朝着大家扮鬼脸。

“我也喜欢面具，我喜欢圣诞老人的面具。戴上它，让大家都喜欢我。”映真说着也笑了起来。

　　“我喜欢白雪公主的面具。那样戴上才漂亮呢，我就是最漂亮的女孩子了。”花花说完这句话，羞涩地笑了起来。

　　“那好，既然大家都喜欢，我就带大家去一个特别热闹的地方。在这个地方，大家都戴面具，各种各样的面具都有，你们想去吗？”大胡子叔叔问道。

　　“想去！”三个人异口同声地回答，都很高兴。

　　“既然都想去，那大家就准备一下，挑选好自己喜欢的面具和服饰，咱们明天早上出发。”大胡子叔叔刚说完，三个人就跑得没影了，都去选自己喜欢的面具和服饰去了。

第二天早晨一见面，大家都准备好了。吉米是恶魔的面具和服饰，映真是圣诞老人的装束，花花是白雪公主的打扮，而大胡子叔叔则打扮成了一个古代的战士。

　　到了狂欢节地点，大胡子叔叔带着他们三个走在大街上，到处是戴着各种面具的人们，各种服饰都有，特别热闹。

　　"大胡子叔叔，为什么人们都戴着面具呢？"吉米调皮地问道。

　　"这是因为戴上面具以后穷人可以变成富人，富人也可以扮成穷人；老年人可以变年轻，年轻人也可以变得成熟。在这里，大家都是平等的。这就是大家都喜欢狂欢节的原因。"大

胡子叔叔说完，捋了捋自己的大胡子。

"哦，原来是这样呀。"吉米点了点头。

"那大胡子叔叔，为什么人们都喜欢各种各样的服饰呀？"花花问道。

"因为在狂欢节上，大家都戴了面具，于是就可以穿上自己平时喜欢，但是可能不太适合穿戴的稀奇古怪的服饰了呀。"大胡子叔叔依旧耐心地解答疑问。

"你看，大胡子叔叔，大家玩得多高兴呀，我们也赶紧加入进去吧。"看来映真是迫不及待地想要展示他的圣诞老人的

装束了，拉着大家加入到了狂欢的人群中。

跟着大家狂欢了一会儿，几个小家伙就累了，拉着大胡子叔叔非要休息一下。休息的时候，大家要大胡子叔叔讲讲狂欢节上的面具和服饰。

"你们看到了吧，大街两侧有数不清的面具店。有的专门卖各种时髦的斗篷，有的卖稀奇古怪的帽子，有的卖各式各样的服饰。进到这些店里，你就会觉得眼花缭乱。正是因为这些店，让狂欢节变得更加精彩。"大胡子叔叔说完，喝了一口水。

歇息了一会儿后，没有玩够的三个孩子，拉着大胡子叔

叔，继续加入到狂欢的队伍中，去体验这夸张、华丽、精彩的大聚会。

最后，意犹未尽的吉米非要大胡子叔叔讲讲威尼斯狂欢节的由来。于是大胡子叔叔给大家讲了起来。

"威尼斯狂欢节起源于12世纪，到了18世纪达到鼎盛。那个时候欧洲各国的王公贵族都到威尼斯，观看各种演出，和普通人在大街上一起狂欢，威尼斯就有了'狂欢节之城'的称号。19世纪之后，狂欢节开始走下坡路，后来随着旅游业的不断发展，狂欢节才又热闹起来。"

听到这些，吉米、映真和花花都赞同地点了点头。他们不但体验到了狂欢节的乐趣，也了解了狂欢节的知识，真的是收获颇丰呀。

第6章　不倒的比萨斜塔

吉米正和映真闹着玩呢，吉米非要靠到映真的身上，而映真只是躲闪，不让吉米靠到他的身上。旁边的花花看到两个人玩得这么热闹，哈哈大笑起来。

坐在旁边，一直看着三个人的大胡子叔叔显得很悠闲，时不时地喝一口咖啡，继续乐呵呵地看着他们玩腻。

过了一会儿，映真总算是妥协了，但还是不让吉米完全得逞。吉米靠上来的时候，映真总是会往后撤一步，这样吉米的身子就不是直立着的，而是歪着的了。但是吉米很好地调整了自己的身体，虽然斜着，但是却没有摔倒，他洋洋得意，十分高兴。

"大胡子叔叔，吉米都斜站着了，怎么没倒下呢？"花花问道。

"人是可以控制自己的身体的，除非倾斜得很厉害，要不然是不会倒下去的。不光是人，即便是建筑物，也有些倾斜却一直不倒下的，并且很有名。明天我就带你们去看看，想不想去？"大胡子叔叔后半句话提高了音量，为的是让正在打闹的吉米和映真也能听到。

两个小家伙听到大胡子叔叔的话，立刻就停止了打闹，围了上来，听大胡子叔叔的安排。

第二天，在大胡子叔叔的带领下，大家来到了一个广场上。大广场上有大片的草坪，周围散落着一些建筑，看起来像是教堂，还有钟楼什么的，都是独立的。但是整体看来，大部分比较搭配，有一种整体的美感。

"大胡子叔叔，那个歪着的塔是怎么回事？远远看上去好像马上就要倒下来了呀！"眼尖的吉米像是发现了什么值钱的宝贝似的，显得特别兴奋，大声问道。映真和花花也顺着吉米指的方向看过去，确实有一个歪歪的建筑物，特别漂亮。

"这就是我们今天要找的地方。就是这个歪歪的塔，它有一个非常有名的名字，叫比萨斜塔。"

"哦，原来这就是比萨斜塔呀，真是很有特色呢。"花花说道。

"对，这就是比萨斜塔。我在韩国的时候，我的老师在一次兴趣小组的活动上给我们看过这个图片，原来真的斜塔比图

片上的漂亮多了。"映真对花花说着自己的经历。

　　走到斜塔前面，塔身看起来特别壮观，大家都觉得这是个奇迹。

　　"大胡子叔叔，这个塔本来就是建成斜的，还是后来才倾

斜的呢？"映真和花花很疑惑，希望大胡子叔叔能够告诉他们答案。而此时的吉米却没有说话，他抬头看着斜塔，好像在思考什么问题。

"它原本是直立的，但是由于地基不均匀和土层松软。塔便倾斜了。"大胡子叔叔的讲述解答了他们的疑惑。

"那平时他们是怎么维护斜塔的呢？"花花很爱干净，她觉得斜塔也要经常维护，保持清洁。

"比萨斜塔有专门的人进行维修和保养，不但要阻止它进一步倾斜，而且还要进行清理，让它保持洁净。从2001年开始，有十个人利用激光、凿子和注射器等工具对塔身进行全面的清洁，一共用了八年多的时间，清洗了两万多块石头，让斜塔焕然一新。"大胡子叔叔向他们三个人讲述了斜塔的清洁和保养的相关知识。

"哦，原来是这样呀，那斜塔会不会最终倒塌呢？要是倒塌可就太可惜了，这么漂亮的建筑。"吉米喃喃自语道。

"吉米说得对，大胡子叔叔，有没有什么办法让它不倒塌呢？"映真也问道。

　　"你们都放心吧，对于一个如此古老珍贵的建筑，而且它已经进入世界遗产名录，是全世界的遗产，会有最好的专家对它进行最好的保养。它一定不会轻易倒塌的。"大胡子叔叔笑着说道。

　　"这样最好了。这么漂亮的建筑，而且又有这么大的文化价值，怎么能够让它消失呢！我们还真是要感谢那些为了保护这些文化遗迹而努力着的叔叔阿姨们呀！"花花笑着说。

　　"是呀，只有这样，我们才能够看到更多古老而美好的景观，这是一件多么让人高兴的事情呀。你说对吧？"映真看向吉米说。

"那是当然的了，我还想看到更多神奇的建筑呢！"吉米调皮地笑了起来。

"好了，今天就到这里吧，我们早点回去，看看接下来要去什么地方。"大胡子叔叔笑着说道。三个人听到这里，开心地跟着大胡子叔叔离开了斜塔。

第7章　谜一样的庞贝古城

"大胡子叔叔，我刚才在酒店的大厅里看到那里摆着一些古代的装饰品，那是真的吗？看起来也没有什么特别的啊。"吉米跑到叔叔的身边，瞪着忽闪忽闪的大眼睛问道。

"那些都不是真的，只是一些复制品罢了。但是有些地方

却真的有很多真品实物，非常出名，想不想去看看？"大胡子叔叔微笑地看着吉米。

"当然想去了，那我马上去喊映真和花花，告诉他们咱们接下来又要出发啦！"不等大胡子叔叔嘱咐完，吉米就蹦着跳着跑去喊映真和花花了。

不一会儿，三个小家伙就都跑了过来。大胡子叔叔说："我要带你们去一个特别神奇的地方，那是古代的一座城市，被很好地保存了下来。那里可以让你们感受一下古代城市的美，而且它非常神秘。"大胡子叔叔说完这句话，大家都变得兴奋，很期待接下来的神秘之旅。

　　经过长途跋涉，大家来到了一个背山面海的地方。眼前是一大片城市，但是样子却很荒凉，有着各式各样的建筑。

　　"大胡子叔叔，这就是你要带我们来的城市吗，这是哪里呀？"花花好奇地问。

　　"是的，这里就是历史悠久的古城——庞贝古城。今天我就带你们感受一下庞贝古城的魅力，一起来了解一下庞贝古城吧。"大胡子叔叔说道。

　　"大胡子叔叔，这座城市看起来特别古老，但是保存得却很完整，为什么会这样呢？"向来沉稳的映真也忍不住好奇起来。

"这座城市公元前6世纪就开始建造了，在那个时候，这样大规模的城市是很难想象的，特别壮观。然而，在公元79年的时候，庞贝古城突然间就消失了。后来被人们发现了，才让这座古城重见天日。"

说完，大胡子叔叔带着他们走进了古城的街道。展现在大家眼前的是规划完好的街巷，各式独特的建筑，无处不在的各种神庙更增添了这座古城的神秘气息。虽然荒凉，但是依然能够让人感受到它曾经的繁华。

转了一圈以后，大家发现整个古城呈长方形，城墙环绕在四周，四面都设置了城门，大街规划得纵横交错，整个城市就像一个棋盘一样。

"大胡子叔叔，这座城市是怎么消失的呢？"花花很想知道答案，忍不住问了起来。

　　"公元79年的一天，维斯威火山突然间大爆发，岩浆、火山灰等喷发物将这座城市覆盖，城里的人们还来不及弄清楚发生了什么事情，就被吞没了。"大胡子叔叔说到这里，表情变得沉重起来。

　　"那些人也真够可怜的，大自然的力量真是太可怕了。"吉米感叹道。

　　"那古城又是怎么被发现的呢？"这个答案也是花花很想知道的。

　　"1748年的春天，一位农民在葡萄园干活的时候，无意之中发现了一个装有金银的柜子。这个消息传出去以后，很多寻宝、盗墓的人都赶来了，后来一些考古学家也纷纷赶来。这件

事情惊动了当地政府，政府根据考古专家的建议，组织了科学家进行发掘，才使得这座古城重见天日。"

　　大胡子叔叔又带着他们去了古物博物馆，博物馆里有一些人体塑像，各种姿势的都有。那是他们在生命的最后一刻保持的姿势，千年过去了，看到这些依然能够让人感受到当时的惨烈和人们的痛苦。

大家都被深深地震撼到了，一时说不出话来。

"大胡子叔叔，为什么这些是人体塑像，而不是化石呢？"映真的声音又将大家带回到现实中来。

"那是因为当时尸体都被火山灰包裹住了，时间长了就腐烂了，只留下了火山灰的空壳。后来科学家用石膏灌注的办法制作出了这些塑像，将千年以前的那场悲剧展现了出来。"大胡子叔叔回答道。

"原来是这样呀！看到这些塑像，可以想象当时是多么悲

惨。"三个小家伙都觉得灾难太可怕了。

"我们看到的只是整个城市的三分之一，剩下的还都没有被发掘出来呢。但是这些就足以让我们去感受这座城市以前的繁华和壮观。大自然的力量是可怕的，我们要和自然和谐相处，这样才是最好的选择。"大胡子叔叔对他们说道。

三个小家伙听完以后都赞同地点了点头。虽然心情沉重，但是这一次他们在感受古城风貌的同时，也收获不小。

一夜消失的庞贝古城

庞贝古城，位于亚平宁半岛西南角，在那不勒斯附近，离著名的维苏威火山很近。古城建于公元前6世纪，公元79年由于维苏威火山大爆发而被毁灭。古城在一夜之间就突然消失了，留给了世人一个巨大的谜团。

古城背山面海，是避暑、旅游的胜地，它的规模和完整性使世人震惊，世界各地的人们都慕名而来。这里的庞贝古物博物馆也值得一看。古城保存完整，100多年前就开始挖掘、研究，它的发掘对了解古罗马的社会生活和文化艺术有很大的帮助。

　　三个小家伙听大胡子叔叔讲了意大利人的一些习惯后，回到自己的房间，美美地睡了一觉。因为晚上大胡子叔叔讲到了习惯迟到的意大利人，三个人谁也不愿意因为迟到而让大胡子叔叔生气，所以第二天很早，他们就都准时出现在了大胡子叔

叔的面前，要跟着他出去吃早餐。

　　大胡子叔叔带着三个人出去了，大家都很高兴。

　　来到了餐馆，他们随着大胡子叔叔坐下，开始点自己喜欢的东西。

　　三个人只顾聊天，也没有仔细听大胡子叔叔和服务员说了什么，看到服务员走了以后，大家都很好奇。

　　"大胡子叔叔，你刚才和服务员说了什么呀？"吉米忍不住问了起来。

　　"我和服务员说了你们喜欢吃的东西，然后问了问他是不

是包含服务费。在意大利，有些餐馆的菜单上的价格包含了服务费，有的餐馆的菜单上的价格是不包含服务费的，这样问清楚了就不至于尴尬了。"大胡子叔叔解释道。

"原来是这样呀，怪不得以前我们出来吃饭的时候，有时候要额外给一些钱，原来那就是不包含服务费的价格，我现在算是明白了。"吉米不住地点头。

不一会儿，每个人点的饭菜都上桌了，大家都吃了起来，小家伙们吃得特别高兴。他们很快都吃完了，安静地瞪着眼睛看着不紧不慢地用着餐的大胡子叔叔。

等大胡子叔叔吃完饭，三个人才又叽叽喳喳地开始聊天。这时候大胡子叔叔喊来了服务员结账，结完账以后，大胡子叔叔又拿出来一些钱给了服务员。这个微小的举动被花花看在了眼里，她很不理解。

"大胡子叔叔，你不是说有些菜单上的价格是包含服务费的吗，难道今天我们吃的饭都是不包含服务费的吗？"花花问道。

"不是，我们今天吃的饭都是包含服务费的。"

"那为什么我看到你结完账以后，还额外给了服务员一些钱呢？"花花继续问道。

"这个是额外的小费，可给可不给的，但是一般都是会给一些的，只不过很少，这也算是意大利人的一种习惯吧。"大胡子叔叔解释道。

"哦，原来是这样呀，我总算是明白了。"花花满意地点点头。

　　结完账，大胡子叔叔带着他们走出了餐馆。这时候映真提议大家去喝饮料，花花和吉米也缠着大胡子叔叔一定要去，大胡子叔叔只好带着他们去了。

　　到了地方以后，大家都点了同样的饮料。由于刚才是坐着吃的饭，大胡子叔叔就索性站着喝饮料，花花和映真也跟着站着，而平时最活泼的吉米却找了一个地方，坐下来仔细品尝。

　　吉米还时不时地招手，示意花花和映真过去一起坐着喝饮料。而花花和映真却忙着和大胡子叔叔聊天，都没有搭理吉米，吉米看到这个情况，只能自己一个人坐着。看着他们三个人聊天他也很想过去一起聊天，但既然坐下来了，就喝完饮料再过去吧。这么想着，吉米很快喝完饮料，蹦蹦跳跳地回到了大家的中间。

一边聊天一边喝饮料，很快花花、映真和大胡子叔叔就都喝完了。有了刚才餐馆里的经历，三个人都很自然地看着大胡子叔叔结账。刚结完账，吉米就发现了一个问题，让他很疑惑。

"大胡子叔叔，咱们四个人点的饮料都是同样的，为什么价钱不同呢？其中有三杯的价钱一样，另一杯的价钱却高了一

些。"吉米疑惑地问道。

"呵呵，这就是你的问题了，价钱高的那一杯是你喝的呀。"大胡子叔叔笑着说道。

听到叔叔这么说，不但吉米更疑惑了，连花花和映真也摸不着头脑了，不知道这是为什么。

"在意大利，很多酒吧、咖啡厅里饮料站着喝和坐着喝的价钱是不同的，坐着喝的时候价钱会稍微高一些。刚才我们三个人都是站着喝的，只有吉米是坐着喝的，当然是三杯的价钱一样，另外一杯的价钱高一些了。"大胡子叔叔笑着向三个人解释。

"原来是这样呀，早知道这样，我就和你们一样站着喝

　　了，还能省点钱呢。我看座位那么多都空着，我就想还是坐着喝舒服，谁知道花了冤枉钱了。"吉米有点自责。

　　"好了，多花不了多少钱，你能有这个想法就已经很让我高兴了。"大胡子叔叔摸着吉米的头说道。

　　三个人跟着大胡子叔叔回到了住的地方，只是一次早餐和喝饮料的经历，就让他们了解了这么多意大利有意思的习俗，大家都很高兴。

第9章　家门口挂着葡萄枝的农民

正好最近几天是大家休整的时间，大胡子叔叔没事情的时候就和三个小家伙聊聊天，了解一下他们的想法，也会对他们的一些疑问给出解释，让他们更好地了解意大利的文化和风俗。

这天上午没有什么事情，三个小家伙在大胡子叔叔的房间里叽叽喳喳地打闹，而大胡子叔叔则坐在旁边，看着几个孩子嬉闹。看到他们都这么高兴，大胡子叔叔的心情也很好，忍不住微笑起来。

"孩子们过来，到我身边来，你们还有没有一些不太理解的东西，需要我给你们解惑吗？"大胡子叔叔微笑着招呼他们。

三个小家伙听到大胡子叔叔的召唤，停止了打闹，一起跑到了大胡子叔叔身边，将他围起来了。

"我有，我有！"吉米忍不住大喊起来。

"那次我们看到街上的商店，有很多家门口都挂着葡萄

枝，我当时还问花花和映真了，他们也不知道这是什么意思。大胡子叔叔，这到底是怎么回事呢？"

花花和映真也看着大胡子叔叔，希望得到解答。

"呵呵，是这个问题呀，这是意大利的一种习俗。意大利的葡萄酒很有名，并且产量和口碑都很好，因此意大利可以说是一个盛产葡萄酒的国家。很早的时候，许多的小城镇甚至是乡村的农民也都会自己酿制葡萄酒。有些农民酿了好多葡萄酒，自己喝不完，就拿出一部分来卖。为了让别人知道家里有葡萄酒卖，就在自家的门口插上葡萄枝，从这里路过的人一看

就知道这里有葡萄酒卖了，想买的人就可以进去和主人谈价钱了。"大胡子叔叔笑呵呵地说道。

"原来是这样呀，那现在那些挂着葡萄枝的商店都是卖葡萄酒的吗？"吉米继续问道。

"等到葡萄酒卖完了，主人就把葡萄枝取下来。这慢慢就形成了一种风尚，一直延续到今天。有些商店依旧会挂着葡萄枝，但是并不是没有挂葡萄枝的商店就不卖葡萄酒，现在懂了吧。"大胡子叔叔看着吉米，耐心地解释着。

大家听完大胡子叔叔的话，都点了点头，心中的一个疑问得到了解释，也了解了一个意大利的风俗习惯。三个人都很高兴。

"大胡子叔叔，葡萄酒是很多人都喜欢喝的，那葡萄酒有什么来历吗？或者说有什么有趣的关于葡萄酒的故事吗？"花花平时最喜欢听故事，这时候也忍不住问了起来。

　　"既然你们想听故事，我就给你们讲一个关于葡萄酒的传说吧。"大胡子叔叔说道。

　　三个人听到要讲故事，都不出声，专心听大胡子叔叔讲。

　　"传说在古代有一位波斯国王，他特别爱吃葡萄，但是那个时候的葡萄不好保存，而且数量很少。为了能够吃到更多的葡萄，他就把葡萄放在一个大陶罐里，放了很多罐，封存到皇

宫的一个房间里，想吃的时候就让人拿出一部分。”

"这个国王倒是很聪明呀，这样就可以在不产葡萄的季节也吃到葡萄了。"花花感叹道。

"是呀，国王就是这么想的。但是为了防止别人偷吃，他就在每个陶罐上都写上'有毒'。过了一段时间以后，有一个妃子心情不好，甚至想到了寻死，于是就趁别人不注意，打开了写着'有毒'的陶罐。可是当她打开陶罐的时候，里面的葡萄已经变成了葡萄酒，香味浓郁。她尝了一口，觉得非常好喝，不但没结束自己的生命，反而感到对生活充满了信心。她将这件事情告诉了国王，国王喝了以后也觉得非常好喝，于是国王颁布了命令，让人开始按照这个方法酿造葡萄酒，使得葡萄酒流传下来，成为很多人喜爱的美酒。"大胡子叔叔一口气说完了这个故事，笑呵呵地看着他们。

"没想到关于葡萄酒还有这么有趣的故事呢。"映真也忍不住说道。

"是呀，意大利是盛产葡萄酒的国家，来到了这里，你们就要了解一些关于意大利葡萄酒的知识，等到有机会的时候，

我会带着你们去意大利的乡村，到农民家里，亲口尝一下他们酿造的美味的葡萄酒，这也算是一种很好的经历吧。"大胡子叔叔说道。

花花听到了自己喜欢的故事，感到很满足，而映真和吉米也了解了商店挂葡萄枝的习俗，十分高兴。三个小家伙围着大胡子叔叔，期待着他带着他们去意大利的乡村，去品尝美味的葡萄酒。

第10章

拯救摩弗伦羊

"孩子们，你们都去过动物园吗？都喜欢动物园里的什么动物？"大胡子叔叔问道。

"我喜欢大象。它的样子很憨厚，而且它的鼻子特别好玩，我喜欢看它吃东西。"花花说道。

　　"我喜欢狮子和老虎。他们特别威风，别的动物都怕它们。"吉米笑着说，说完还做了一个鬼脸，学狮子叫的样子。

　　"我喜欢猴子。猴子可以上蹿下跳的，特别机灵，我也特别想像它们那样能爬树。"映真也说出了自己喜欢的动物。

　　"孩子们，我刚才看到报纸上有一条消息说，意大利正在削减公共债务。在南部的一个山区，由于资金匮乏，当地的领导想出了一个增加收入的办法，那

就是出售当地的摩弗伦羊。"大胡子叔叔说道。

"摩弗伦羊是什么动物，很贵吗？为什么当地人要出售这种动物来增加收入呢？"映真忍不住问道。

"摩弗伦羊是一种十分珍稀的野生动物，它最出名的是它的弯曲的犄角。二十多年以前，这种山羊被人们从科西嘉岛和撒丁岛带到了意大利南部的一些山区中，对它们进行保护。这也使得它们在当地繁殖很快，数量迅速增加。为了保护它们，当地政府需要支付大量费用，现在要削减公共债务，就更没有钱去花在它们身上了。"大胡子叔叔说道。

"就是因为这样，当地政府就决定卖了它们换钱，来作为保护它们的费用，达到减少开支的目的吗？"花花问道。

"是呀，当地政府已经决定了，将在未来的几周内举行一次摩弗伦羊的拍卖活动，公羊每只146欧元，母羊每只120欧元，羔羊每只86欧元。我刚刚就是从报纸上看到了这个拍卖通知。"大胡子叔叔继续说道。

　　"它们是野生动物，要是卖了它们，它们可能就被杀了。即便不被杀，也会被养在家里，没有自由了，真是好可怜呀。"平时活泼的吉米听到大胡子叔叔说了这个事情，也忍不住要为这些羊的命运担忧起来。

　　"放心吧，当地政府已经想到了这个问题。当地人也担心它们在被拍掉以后会被杀掉，成为餐馆里的美食，因此

拍卖的时候就要求一定要保证这些羊能继续活下去。"大胡子叔叔对着忧虑的吉米解释道。

吉米听到大胡子叔叔这么说，又高兴了起来。

"大胡子叔叔，它们即便是不被杀掉，也会失去自由，这对它们是特别残酷的事情呀，难道就没有什么解决的办法吗？"一向善良的花花忍不住问道。

"会有解决办法的。刚开始有人提出这个建议的时候，就有很多当地人反对，网络上也有很多反对的声音。当地政府在这些压力之下，才调整了策略，强调一定要

保证它们活着。只要更多的人加入到关注它们的行列中来，我想是会有更好的解决办法的，它们的命运也会得到更好的改变。"大胡子叔叔继续说道。

"现在已经有很多热爱野生动物的人士在努力，他们也在联系一些动物保护机构，尽可能地为它们争取经费。如果可行的话，它们就不会被拍卖，我想这是大家最希望看到的结果。"

"大胡子叔叔，那我们能够为它们做些什么呢？我们不能看着它们就这么被拍卖呀！"花花特别着急地问道。

"现在已经有很多人在网上倡议大家多关注它们的命运，并且有人组织了一些游行活动，来表达自己的意愿。刚好今天就有一个游行活动，要到政府分管动物保护的部门前游行，表达意愿。我可以带你们去，就

算是我们对摩弗伦羊的一点帮助吧。"大胡子叔叔说道。

听到大胡子叔叔这么说，三个人都迫不及待了，立刻跟着他出去了，加入到这些热爱动物的人们中间，去为这些可爱的野生动物争取生存权利。

到了大街上，他们看到很多人都举着一些牌子，上面写着各种标语，都在表达自己对摩弗伦羊的关注，希望改善它们的生存环境，为它们创造更好的生存条件。大胡子叔叔带着花花、吉米和映真也加入到了人群中，表达自己对于保护摩弗伦羊的支持。

时间过得很快，大家虽然很累，但是想到自己能为改变摩弗伦羊的命运贡献自己的力量，他们就非常高兴。并且大胡子叔叔还告诉他们，只要有机会一定带他们去看看这些可爱的摩弗伦羊，和它们来一次近距离的接触，这更让他们有干劲儿了。

　　一个小小的野生动物的命运，就能够牵动这么多人的关注。在这一天，三个小家伙亲身感受到了这种力量，他们在内心深处也更加热爱这些可爱的、和人们和睦相处的野生动物了。

听大胡子叔叔讲了摩弗伦羊的遭遇，大家又跟着大胡子叔叔去参加了拯救摩弗伦羊的活动，收获不小。回到住的地方，三个人还是意犹未尽。但是就是感觉花花高兴不起来，当时大胡子叔叔也没有太在意，以为花花

只是累了。

第二天早晨，大胡子叔叔按照惯例等着三个人过来找他，然后带他们出去吃早餐。但奇怪的是，只有吉米和映真来了，却不见花花的踪影，问了问两个人，他们也不知道花花为什么没来。

大胡子叔叔觉得不对劲儿，就赶紧到了花花的房间，看到花花还躺在床上呢。他问了问才知道，花花觉得浑身没有力气，一点儿也不想动。大胡子叔叔知道花花是生病了，估计是最近太疲劳了，而她的抵抗力又弱一些才造成的。

于是大胡子叔叔赶紧叫吉米和映真过来，带着花花一起去医院看病。到了医院以后，得知花花只是普通的感冒，大胡子叔叔悬着的心也放了下来。他拿了一些药，就带着花花他们回到了住的地方。

吉米和映真也很担心花花。映真为花花准备好药，吉米忙着为花花倒水。看到两个人的表现，大胡子叔叔非常高兴。吃了药以后，花花就睡了，大家也不再打扰她，让她安心休息。随后，大胡子叔叔带着吉米和映真到了自己的房间。

"大胡子叔叔，花花应该不会有什么事情吧？我和映真都很担心她。"吉米很着急地问。旁边的映真也很关心花花的状况。

"你们放心吧，她只是普通的感冒，吃了药，休息一会儿，下午应该就会好很多的。"大胡子叔叔向两个人解释道。

听到大胡子叔叔这么说，两个人才算是放心了。

下午的时候，正当吉米和映真在和大胡子叔叔聊天的时候，花花来到了大胡子叔叔的房间里。

看到花花来了，吉米和映真高兴得不得了，围着花花问这问那，问她还有哪里不舒服。花花看到吉米和映真这么关心自己，十分感动。

"你们都放心吧，我现在感觉好多了，只是还有一点点累。我现在觉得饿，想吃饭了。"花花说道。

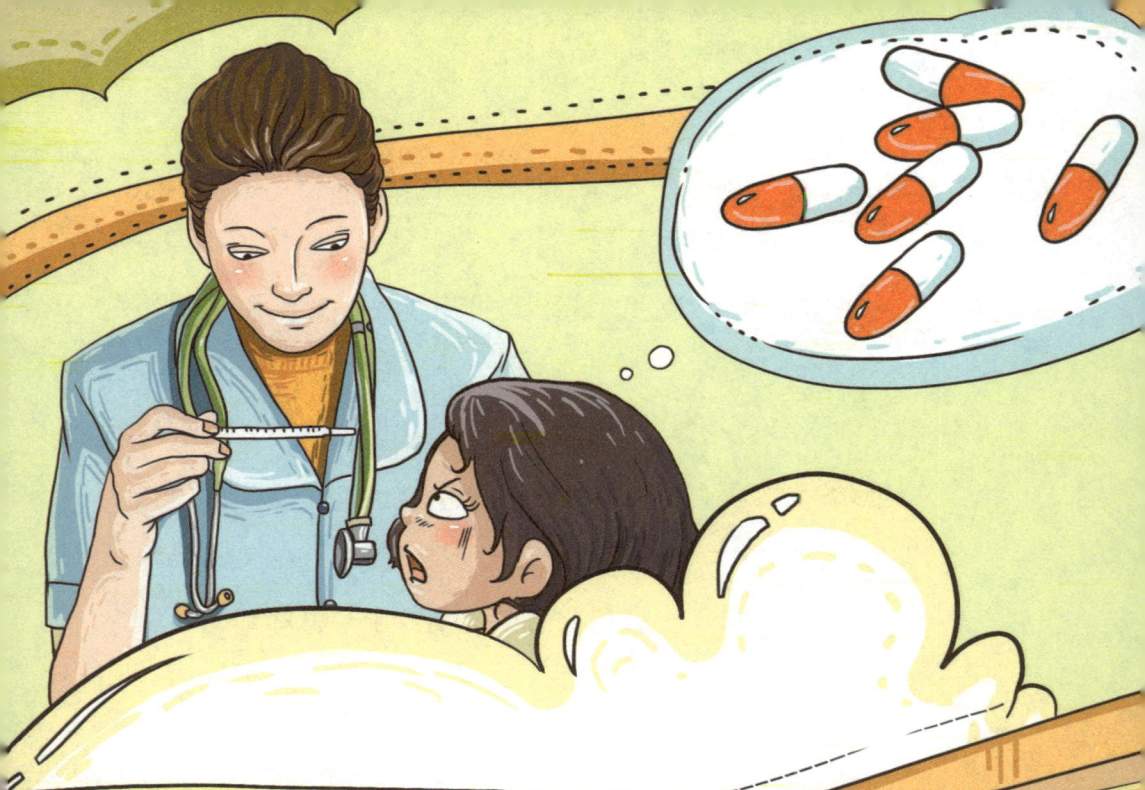

"呵呵，那就好了，这说明你基本上康复了。"大胡子叔叔笑着说道。

　　花花确实是很饿了，于是让大胡子叔叔带着她出去吃饭去。

　　"还是别出去吃饭了，在房间里吃吧。我出去给你买回来。你还没完全恢复，好好休息最重要。"大胡子叔叔说道。吉米和映真也同意大胡子叔叔的话，都劝说花花在房间里吃饭。花花想了想也是，自己还是有点儿不舒服，就回到房间里等着大胡子叔叔给自己买饭去了。

　　不一会儿，大胡子叔叔就回来了，买了一大包好吃的，花花看到这些特别高兴。他不但给花花买了好吃的，也给吉米和

映真真买了一些，这也让他们两个人非常惊喜。

"其实，我不让你出去吃饭还有别的原因。"大胡子叔叔看着正在吃饭的花花说道。

"有什么特别的原因吗？"花花停下来问道。吉米和映真也停了下来，仔细听大胡子叔叔说什么。

"在意大利，人们是很重视感冒的，也很忌讳和感冒的人相处。如果看到旁边有人打喷嚏或者咳嗽，旁边的意大利人会马上说：'萨路德(SALUTE)！（祝你健康）'。"大胡子叔叔说道。

"那他们为什么这么忌讳和感冒的人在一起呢？"吉米很

SALUTE

不理解。

　　"因为欧洲以前有过因为感冒而让人丧命的事情发生，所以感冒在意大利人看来是特别不吉利的事情。在他们的眼中，感冒就像是洪水猛兽，是很恐怖的。因此，在意大利，当着别人的面打喷嚏或者咳嗽是很不礼貌的事情，会让别人反感。这也是我让花花在房间里吃饭的原因。"大胡子叔叔说完，看着三个人。他们听得很认真，不住地点头。

　　"原来还有这样的事情呢，那我以后可得注意了，要不万一哪天做得不好，被人厌烦就不好了。"花花说道。

　　"是呀，尤其是在意大利，感冒不是一件很简单的事情，而是很不吉利的事情。不过等花花好起来以后，咱们就可以开始新的旅程了。"大胡子叔叔笑道。

经过这一段时间的休整，三个小家伙又特别想开始新的旅程了，听到大胡子叔叔这么说，吉米高兴得跳了起来，映真也很高兴。花花听到这个消息，顿时变得精神了起来，就想着自己能够尽快好起来，那样就可以重新开始新的旅程！

第12章　包围一个国家的城市

经过几天的休息，生病的花花终于完全恢复了过来，又开始和吉米还有映真打打闹闹的了。他们几个人跑到大胡子叔叔的房间里，要求他带领他们开始新的旅程。大胡子叔叔看到花花完全康复了，也就同意了，准备带大家开始新的探险。

"大胡子叔叔，这次要带我们去哪里呀？"吉米最沉

是梵蒂冈！

不住气了，忍不住问了出来。其实，花花和映真也非常关心这个问题。

"这次我要带你们去的是一个非常有名的地方，那就是'包围一个国家的城市'。"大胡子叔叔略带神秘地说道。

听到大胡子叔叔这么说，几个人十分好奇，但还是不知道要去哪里。

"你们谁知道世界上最小的国家是哪个？"大胡子叔叔问道。

"我知道，我知道！是梵蒂冈，那是最小的国家。我在一些科普图书上看到过，它在罗马城的中间。"吉米大喊大叫地回答。

"吉米回答得很对，接下来我要带你们去的地方就是罗马。"大胡子叔叔笑着揭晓答案。

一听到要去罗马，大家都很兴奋，围着大胡子叔叔，要他讲一些关于罗马的故事。

"那好吧，我就给你们讲一讲关于罗马城的历史传说吧。"大胡子叔叔说道。

听到大胡子叔叔这么说，三个人赶紧围到大胡子

叔叔的身边，生怕离得远了听不清楚，错过了精彩的故事。

"传说，在公元前七八世纪的时候，罗马当时的国王叫努米托雷，他被他的同胞兄弟阿姆利奥夺去了皇位，自己也被驱逐出去，他的儿子也被杀死，女儿却幸存了下来。后来，他的女儿西尔维娅嫁给了战神马尔斯，生下了孪生兄弟罗慕洛和雷莫。阿姆利奥得知这个消息以后，为了不让这两个孩子长大以后威胁自己的地位，在他们出生不久的时候，就派人把这两个婴儿抛入台伯河里，妄图以这样的方式杀死他们。"大胡子叔叔不紧不慢地讲着故事。

"这个国王真是太残忍了，连这么小的婴儿都不放过，那这两个孩子后来怎么样了呀？"听大胡子叔叔说到这里，花花忍不住表达了自己对国王的不满。

"幸运的是，这两个孩子并没有被淹死，而是被冲到了河边，被一只母狼发现了。母狼一直用奶汁喂养他们，直到后来他们被一个猎人发现。猎人带走了他们，并且把他们养育成人。"

　　"这两个孩子真是幸运呀，他们长大了肯定要报仇吧？"吉米瞪着大眼睛问大胡子叔叔。

　　"是呀，后来两个人长大后杀死了阿姆利奥，并且请回了外祖父努米托雷，让他重新登上王位。努米托雷为了奖赏兄弟两个人，就把台伯河边上的七座山丘给了他们，让他们建设一个新城。"

　　"他们的努力终于得到了回报，也算是很好的事情了。"

映真说道。

"后来，两兄弟发生矛盾。公元前753年，罗慕洛杀死了雷莫，以自己的名字作为新城市的名字，这就是现在我们看到的罗马，这一天也成为罗马建城日，而'母狼乳婴'的图案也成为罗马市徽。"大胡子叔叔一口气说完了这个故事。

三个人听完故事还是觉得意犹未尽，心早就飞到罗马了，恨不得现在就立刻出发去罗马。

"大胡子叔叔，那罗马有什么好玩的地方吗？"一向爱玩的吉米调皮地问道。

"罗马好玩的地方可多了，有世界上最大的斗兽场，有万

神殿，还有最著名的特雷维喷泉……我都会带你们去看的。"
大胡子叔叔笑呵呵地说。

　　听到大胡子叔叔说的这些地方，三个人都兴奋得不得了，
这一定是一次特别难忘的旅行。

　　"呵呵，罗马的很多地方肯定都会让你们大开眼界的，
既然罗马是'包围一个国家的城市'，有机会我也会带你们
去亲身感受一下这个世界上最小的国家的魅力，感受一下这
个'城市中的国家'的氛围。"大胡子叔叔看着
三个小家伙说道。

　　虽然还没有到罗马，但是听着大胡子叔叔说

的这些，三个人已经感觉到接下来的旅程肯定特别精彩。

"那今天我们就准备一下，收拾好东西，明天准时出发去罗马，开始新的旅程。"看到三个孩子期待的眼神，大胡子叔叔笑着宣布。

三个孩子早已经迫不及待了，听到大胡子叔叔这么说，立刻跑得没影了，都跑回自己的房间收拾东西去了。他们也期待着能够尽快到罗马，亲身感受一下这座城市的魅力。

天主教会的中心城市

罗马，位于意大利半岛中西部，是意大利的首都——政治、经济、文化和交通中心，同时也是著名的历史文化名城，是有名的旅游城市。

罗马是天主教会的中心，整个城市有700多座大大小小的教堂。这里有数千年的历史遗迹，是世界文化发祥地之一，也被称为"永恒之城"。

罗马气候温暖，四季比较鲜明，处于地中海沿岸地区，属典型的地中海气候，非常适合居住。同时，这里也是购物的天堂，物美价廉的商品比比皆是，高档商品也应有尽有。

第13章　特雷维喷泉下许愿

第二天一早，三个人早早就收拾好了东西，来到了大胡子叔叔的房间。只等他一声令下，大家就踏上去罗马的旅程。

经过一段时间的飞行，飞机下午降落在了罗马。大胡子叔叔带着三个人先找到住的地方。等收拾得差不多了，就招呼几个人来到自己的房间里，讨论一下接下来的行程。

"大胡子叔叔，你说的那些地方，我觉得那个喷泉最有意思，要不明天咱们先去那个喷泉吧，我想先看看这个地方。"吉米首先说道。

"花花和映真，你们有什么不同的看法吗？"大胡子叔叔问道。

花花和映真也表示赞同，于是大胡子叔叔决定第二天先带着大家去特雷维喷泉。

第二天一大早，四个人就来到了特雷维喷泉。

"哇，真是太震撼，太漂亮了！"花花看到眼前的景象忍不住赞叹起来。

吉米和映真也觉得这个拥有精美雕塑的喷泉巨大无比、特别壮观。喷泉的前面有一个大池子，池子中有一位海神驾着马车，而四周环

绕着的都是西方神话传说中的神，每一个雕像都有独特的神态，栩栩如生，不禁让人赞叹古代人的雕塑技艺。眼前的景观让三个人震撼不已。

"大胡子叔叔，这个喷泉的名字有什么由来吗？"映真对喷泉的名字非常感兴趣。

"喷泉位于三条路的交叉口，有三条路以它为中心向外延伸出去，而特雷维（Trevi）也就是三岔路的意思，所以就沿用这个名字至今了。"大胡子叔叔首先为映真解答了这个疑问。

"每天有这么多的游客来看这个喷泉，这个喷泉为什么这么出名呢？"花花十分不理解这个问题。

Roman Holiday

"原先它并不是特别出名，后来有一部电影叫《罗马假日》，这部电影风靡全球，也使得电影里展现的特雷维喷泉闻名世界。越来越多的人慕名而来，就是为了亲眼看一下这个喷泉的样子。"大胡子叔叔看着花花说道。听完大胡子叔叔的话，花花满意地点了点头。

　　"眼前的这个池子叫许愿池，传说它可以给人带来幸福，所以特雷维喷泉又被称作'幸福喷泉'。传说只要转身背对着许愿池投入一枚硬币，就可以许下三个愿望，并且能够成真，这里的人们都是这样许愿的。而且因为这个喷泉太漂

亮了，所以一般人的三个愿望里都有一个愿望就是能再回来看看。"大胡子叔叔笑着说道。

"关于许愿池，还有两个传说。第一个传说是说只要背对着许愿池，右手拿着硬币越过左肩抛入池中，就可以重返罗马。第二个传说则是如果重复三次同样的动作，扔下三枚硬币，第一枚代表可以找到恋人，第二枚代表彼此真心相爱，第三枚代表可以结婚，并且婚后一起重返罗马。正是因为这样的传说，每天吸引着世界各地无数的游客纷纷来到这里。"

听完大胡子叔叔的话，三个小家伙也都各自拿了一个硬币，转过身去，抛到池子中，许下了自己的三个愿望。大胡子叔叔也许下了自己的愿望。

"大胡子叔叔，这些雕塑真漂亮，它们讲述的是什么故事

呀？"映真对这些雕塑背后的故事产生了浓厚的兴趣。

"喷泉上的这些雕刻讲的是关于海神的故事。你们看到的背景建筑是一座海神宫，中间那个立着的巨型雕塑就是海神，两边的是水神，海神宫的上方站着的四个雕塑是四位少女，他们分别代表着春夏秋冬四个季节。"大胡子叔叔介绍道。

"这么壮观的喷泉是什么时候完成的呢？"调皮的吉米总是有很多的问题。

"十八世纪，教皇克雷芒十二世特别喜欢喷泉，为此专门主办了一个喷泉大赛，而特

雷维喷泉就是由在比赛中获得胜利的尼科洛·萨尔维主持设计的，于1762年完成。他巧妙地将喷泉背后的宫殿加以利用，使得这些雕塑顿时充满生气和活力。他的这种借景手法一下子就给特雷维喷泉注入了无穷的生命力。"大胡子叔叔解释道。

　　四个人参观了这些精美的雕塑。时间过得很快，大家也有了很大的收获，不但看到了这些震撼人心的精美雕塑，而且了解了这些雕塑背后的故事，还知道了这里的传说。这一天的特雷维喷泉旅程让小家伙们感到意犹未尽，他们都期待接下来更加精彩的旅程。

第14章　遭遇小偷

　　大胡子叔叔带着花花、映真和吉米从特雷维喷泉回来以后，三个人还沉浸在那种高兴、震撼的情绪中，被那些精美的雕塑和优美的传说故事所吸引，一直在谈论着和特雷维喷泉有关的问题。

　　吃过晚饭以后，三个小家伙在大胡子叔叔的房间里叽叽喳喳地说着各种自己感兴趣的话题，更多的是对特雷维喷泉的

一些看法。正当大家聊得起劲的时候，突然听到花花大喊了一声："不好了！"

大胡子叔叔听到了花花的喊声，赶紧问花花到底发生了什么事情。

"我放在口袋里的那些零用钱都没有了，那可是我攒了很长时间的呀！哎，这可怎么办呢？"花花说着说着就要哭起来了。

吉米和映真看到花花这么伤心，很想去安慰她，但是不知道怎么安慰她。他们两个人一商量，决定把自己这段时间积攒的零花

钱都拿出来给花花，希望能够让花花高兴起来。

花花看到吉米和映真把自己的零花钱都给了她，很感动，差点都哭了，但是还是闷闷不乐的。

大胡子叔叔看到花花还是不高兴，觉得应该说点让花花感兴趣的话题。

"花花遇到了小偷，被偷走了零花钱，这让花花很不高兴，我们也不开心，所以今天我就给大家讲讲罗马的小偷的故事吧，我相信你们肯定很愿意听的。"大胡子叔叔笑呵呵地说道。

一听到大胡子叔叔说要讲故事，喜欢听故事的花花顿时不那么伤心了。吉米和映真也想听故事，三个人就坐在

大胡子叔叔的身边，开始安静地听他讲故事了。

"其实，在意大利遇到小偷不是什么奇怪的事情。意大利的小偷在欧洲都是很有名的，并不是因为他们的偷窃技巧高超，而是因为他们很有'职业道德'。"

"哈哈，小偷也讲'职业道德'，我还是第一次听说呢。"吉米忍不住哈哈大笑起来，花花和映真听到大胡子叔叔这么说也很疑惑，小偷还会有'职业道德'吗？

大胡子叔叔看出了三个小家伙的疑惑，于是继续说

小偷有职业道德！？

下去。

　　"之所以说他们很有'职业道德'，是因为他们偷东西很有原则：他们只偷东西，从来不会伤害人；他们偷旅游者的东西的时候，也只是偷钱，一般不会偷物品，更不会偷护照等重要证件。偷走了这些东西，旅游者将会非常麻烦。从这个角度来说，你们说他们是不是很有'职业道德'呢？"大胡子叔叔问道。

　　三个人都点点头，觉得这些小偷确实还是很有分寸的，但他们的偷窃行为应该受到谴责和惩罚。

　　"我再给大家讲一个关于罗马小偷的故事，很有意思。据说有个外国人在罗马国际机场准备回国的时候，发现背包里的钱夹被偷走了，这可把他吓坏了。因为护照丢了就没办法出关，要是被误认为是偷渡者，那麻烦就更大了。"

　　"那这个人还真是遇上大麻烦了呢！他后来找回自己的护照了吗？"花花打断了大胡子叔叔问道，这也是

吉米和映真想要急于知道的。

　　"他赶紧到机场警察署，将自己的遭遇说了出来，寻求警察的帮助。哪知道警察却并不觉得这是件大事情，只是让他把背包打开，回原来被偷的地方，护照很快就会回到他的包中。这个人半信半疑地回到了刚才丢东西的地方，按照警察说的打开了背包，在那个地方转了半个多小时后，取下背包，发现护照果然回到了包里。他很高兴，赶紧回到警察那里，向警察表示感谢。虽然钱丢了，但是找回了护照，没有耽误出关，他已经很高兴了。"

　　"这个人虽然丢了钱，但是总算找回了护照，没有耽误事情，也没有招来麻烦。大胡子叔叔，我们平时应该怎么防备小偷呢？"映真问道。这也是

吉米想问的，更是花花想知道的，她是不希望自己再一次被小偷得手了。

　　"我们在旅游景点的时候，尽量不要带贵重的物品，自己的随身包最好放到胸前，而不是背在身后，也不要带大量的现金，护照等最好放到宾馆里。同时，要注意尽量不要到人群太拥挤的地方，那些地方更容易让小偷光顾。还有就是许多人一起的话，可以相互照看，这样小偷也不容易下手。其实，只要我们平时稍微细心一点，就没有什么问题了。花花的这次遭遇算是给我们提了个醒，以后我们大家在外面的时候也要更加注意一些。"大胡子叔叔向三个人嘱咐道。

　　花花的一个不愉快的遭遇引起了大家这么热烈的讨论，大胡子叔叔也给大家讲了关于小偷的一些趣事，大家都有不小的收获。听完这些有趣的故事，花花也完全忘记了这次遭遇小偷的不愉快了。

第15章　甜美的巧克力之城

"你们都喜欢吃巧克力吗？"大胡子叔叔笑着问三个小家伙。

三个人纷纷表示特别喜欢吃巧克力，但是吉米对巧克力的制造过程更感兴趣。

映真则希望能够亲手制作出一块美味的巧克力，他觉得那是一件很美好的事情。

"我准备带大家去一个地方，那个地方可以满足你们上面说的一切愿望。你们想不想去呀？"大胡子叔叔提高嗓门问道。

三个孩子听到大胡子叔叔说要带大家去一个这么好玩的地方，顿时高兴了起来，围到大胡子叔叔的身旁，急切地想知道到底是去什么地方。当得知要去佩鲁贾参加那里的巧克力节的时候，三个人都忍不住欢呼了起来。

大胡子叔叔带着他们三个来到了佩鲁贾，瞬间好像进入

到了一个甜美的世界里。佩鲁贾号称"巧克力之城"，这里每年的巧克力节都会吸引大量的巧克力爱好者和巧克力商家的到来，不单单是意大利的巧克力爱好者，欧洲的，甚至世界各地的巧克力爱好者也都来到这里，一起品尝美味。

"你们知道巧克力是用什么制造出来的吗？"

三个人还真是被这个问题给难住了，虽然平时都很喜欢吃，但是还真不知道制造巧克力的原料是什么呢。

"巧克力是由可可豆制成的，它有着独特的香气，而且科学家研究发现，巧克力中含有一种很好的抗氧化物，和葡萄酒中所含的抗氧化物差不多，对人体很有好处。"三个人听了以后也很高兴，终于了解了巧克力是什么做的了。

接着，大胡子叔叔又告诉他们："要做成巧克力首先要把可可豆从树上收集起来，然后经过筛选，再通过发酵和干燥等程序，让可可豆产生酸味，而这酸味正是巧克力香气的来源。然后，巧克力制作工厂收购它们，再经过烘焙、压碎、调配与研磨、精炼、去酸、回火铸型等步骤的加工，就可以成为美味的巧克力了。其中，精炼可以使巧克力有好的口感，去酸可以使巧克力透出香味，回火铸型最终形成了各种形状的巧克力。"

吉米、映真和花花听到大胡子叔叔讲了这么多关于巧克力制作的事情，顿时觉得美味的巧克力还真是大有来头呢！

突然，他们看到了一些巧克力工作坊，在里面人们可以自己动手，做出各种形状的巧克力，这是吉米很想做的事情。他认真地在里面学习起来，不一会儿就已经能自己做出很多形状的巧克力了，这让他特别高兴和自豪。

　　映真也有收获，他看到佩鲁贾巧克力工艺学校和美食学院正在举办专题讲座，就跑去那里学习如何做一块口感正宗的意大利巧克力。现在自己可以做出他也想要的巧克力了，这让他非常高兴。

　　花花也没有闲着，她参观了工艺师们制作的各式巨型巧克力，既有一道厚实的"巧克力墙"，也有一颗巨型的巧克力

糖，还有一座黑巧克力盖成的因纽特人冰屋等，这些都让花花觉得很新奇。

看到三个人玩得差不多了，大胡子叔叔就把他们喊到自己的身边，让大家讲一下自己的感受。

"我吃了很多美味的巧克力，而且看到了很多巧克力的雕塑，特别漂亮，我真是太高兴啦！"花花高兴地说道。

"我也吃了很多巧克力，另外我还找到了巧克力工坊，自己动手做出了各种形状的巧克力，以前真的没想过能吃到自己做出来的各种形状的巧克力呢！"吉米说完还忍不住又往嘴里

塞了一块巧克力。

　　"我觉得我的收获特别大。我看到佩鲁贾巧克力工艺学校和美食学院正在举办专题讲座，就学习了如何制作口感正宗的意大利巧克力。现在我真的可以自己做出美味的巧克力了，这就像是在做梦一样。"映真还沉浸在刚才的兴奋中。

　　"既然你们都玩得这么高兴，接下来我就带你们去参观一下佩鲁贾巧克力历史博物馆，让你们更好地了解一下巧克力的历史。"大胡子叔叔的提议得到了三个孩子的赞同，他们也刚好想再了解一下巧克力的相关知识呢。

　　巧克力节不单单是商品展示会，更是一个领悟巧克力文化的好机会，也是一个体验意大利风情的舞台。一天的时间很快就过去了，花花、吉米和映真都玩得特别高兴，他们不但饱了口福，还饱了眼福，更学到了制作巧克力的技艺，也了解了关于巧克力的很多知识，收获特别大。

第16章　美食诱惑

从佩鲁贾巧克力节回来，大胡子叔叔决定休息两天，把这个决定告诉三个孩子的时候，他们也很高兴，可能是他们最近也太累了吧。

在这两天时间里，大胡子叔叔就和三个小家伙在房间里享受难得安静的时光。一边喝着咖啡，一边和三个人聊天，解答

他们那永远也问不完的问题。大胡子叔叔很喜欢这种生活，也喜欢和孩子们在一起。

　　"咱们来意大利这么长时间了，也吃了不少意大利的特色美食，今天你们给我说一下你们最喜欢的是什么美食。"大胡子叔叔看到三个孩子又开始打打闹闹了，赶紧找个话题，让他们别太闹腾。

　　三个孩子听到大胡子叔叔的话，立刻停止了打闹，都跑到了大胡子叔叔的身边。

"我最喜欢吃意大利面，加上各种调料，可以有各种口味，特别好吃。"吉米首先说出了自己喜欢吃的美食。

　　"其实，意大利的甜点也是很有名的，最著名的的甜点是冰淇淋，奶油冰淇淋和威士忌冰淇淋是最为普遍的口味。除此之外，提拉米苏也是特别好吃的甜点。你们都吃过这些，应该知道这些甜点的美味吧。"大胡子叔叔看着三个孩子继续问道。

　　"其实，意大利共有四大菜系，包括北意菜系、中意菜系、南意菜系、小岛菜系。各个菜系都有自己不同的地方，正是这些组成了完整的意大利美食。我们所能够接触到的很多美

食，都是比较出名的。在意大利的乡间，还有很多具有地方特色的美食，我们不可能都了解到。"大胡子叔叔继续说道。

　　"美食是具有很大诱惑的。我们都喜欢各种各样的美食，每到一个新的地方肯定会去找这个地方的特色美食，一饱口福。等我们离开这个地方，以后再遇到这样的美食，或者再想到曾经吃过这样的美食，就会想起这个地方，这应该就是地方特色美食的另外一个诱惑力了。"大胡子叔叔看着三个小家伙感叹道。

这个时候，吉米和映真都不说话了，好像是在想什么事情。大胡子叔叔看到这个情况，没有打断他们的思路，也许他们正在回想最近走过的那些地方吧。

时间已经不早了，大胡子叔叔让大家各自回房间休息。三个孩子回到自己的房间里，想到刚才大胡子叔叔说的那些关于

美食的话，他们也都有自己的一些感悟。很快，三个孩子都进入了梦乡……

　　第二天早晨，大胡子叔叔早早地就将三个孩子都叫起来了。经过了一晚上的休息，他们个个都是神清气爽。今天他们要准备收拾行囊返程了。坐上飞机的时候，三个孩子望着机窗外越来越远的意大利城市，心中都有一个共同的感觉，那就是：这的确是一次让人难忘的意大利之旅……